DÉVOUEMENT

D'UNE FRANÇAISE

PENDANT L'INVASION ÉTRANGÈRE ;

SIMPLE RÉCIT

DÉDIÉ AUX COEURS GÉNÉREUX, ET PARTICULIÈREMENT AUX
DAMES FRANÇAISES.

PARIS.

DE L'IMPRIMERIE DE BAUDOUIN FILS,
RUE DE VAUGIRARD, N° 36.

1821.

DÉVOUEMENT

D'UNE FRANÇAISE

PENDANT L'INVASION ÉTRANGÈRE;

SIMPLE RÉCIT

DÉDIÉ AUX CŒURS GÉNÉREUX, ET PARTICULIÈREMENT AUX
DAMES FRANÇAISES.

———

Les calamités, qui viennent affliger les peuples, ne sont pas toujours sans compensations. Parmi les crimes qu'enfante la guerre, on voit surgir, de temps en temps, quelques beaux traits. L'humanité n'est point condamnée à gémir sans cesse, et la bienfaisance vient, parfois, apprendre aux malheureux mortels que toutes les vertus ne sont point bannies de la terre. Heureux qui peut consacrer, à servir ses semblables, les dons qu'il a reçus du ciel! Plus heureux encore celui qui n'est pas réduit, par le malheur, à demander le prix d'une bonne action!

Une Française, frappée par l'adversité, se voit contrainte aujourd'hui d'invoquer l'appui des bons cœurs. En racontant les faits qui lui donnent des droits à leur bienveillance , elle n'est pas sans crainte sur la défaveur qui s'attache souvent à de tels récits. Toutefois , elle ose pourtant espérer que la narration, simple et sans art, des dangers auxquels elle s'est exposée pour servir la cause de l'humanité , obtiendra le suffrage de ses concitoyens. Elle ambitionne surtout celui des femmes ; et c'est à leur active sensibilité qu'elle confie le succès de cet écrit, bien certaine qu'il est assuré , si ses aimables et généreuses compatriotes ne lui refusent point le secours de leur irrésistible influence.

En novembre 1813 , la dame Pesché quitta Paris, où elle venait d'éprouver une grande perte ; elle fixa sa résidence dans une petite maison située au Grand-Rosoy , département de l'Aisne.

Le peu qui lui restait de son ancienne fortune suffisait à ses besoins , et lui donnait même la faculté d'offrir aux malheureux un léger superflu ; elle pouvait donc espérer de vivre heureuse dans son modeste réduit ; mais la guerre, avec tous ses fléaux, vint l'arracher à ses goûts paisibles, et détruire, à jamais , sa tranquillité. Le passage inattendu des troupes françaises n'annonça que trop l'invasion de la France. De nombreuses cohortes étrangères les suivirent de près, et apprirent aux habitans consternés que la victoire avait délaissé les armes françaises. Beaucoup d'entre eux abandonnèrent leurs demeures ; la dame Pesché prit la résolution de rester dans la sienne. L'espoir d'être utile augmenta son courage, et lui fit surmonter la crainte des dangers auxquels elle allait se voir exposée au milieu des horreurs d'une guerre, la plus cruelle qu'on ait encore vue.

Le premier succès qu'elle obtint redoubla son zèle et son courage.

Le 13 février 1814, les habitans ne s'étaient pas sauvés ; on leur avait donné l'assurance qu'ils pouvaient se tenir en repos, qu'il ne leur serait fait aucun dommage. Ils furent, cependant, maltraités et pillés par les soldats étrangers. Au second passage, ils ne furent pas aussi crédules, ils cachèrent ce qu'ils avaient de plus précieux, et emmenèrent leurs bestiaux dans les bois. Madame Pesché ne voulut pas quitter la chaumière qu'elle habitait, malgré les instances qui lui furent faites. Sa sœur suivit son exemple et se décida à rester avec elle pour soigner les malheureux, s'abandonnant à la Providence et lui laissant le soin de leur propre conservation.

Les habitans qui l'avaient imitée conduisirent près d'elle des femmes et des enfans malades ; des vieillards y vinrent aussi, lorsque les habitans apprirent qu'elle se rendait auprès des chefs de l'armée ennemie, afin de leur demander des sauve-gardes pour la sûreté du village. Les granges et les greniers, qui étaient vides, furent bientôt remplis ; elle veilla soigneusement à ce qu'il ne survînt aucun accident. Lorsqu'il arrivait des troupes, madame Pesché allait prier les chefs de ménager la commune; ils l'accueillaient ordinairement bien, et lui promettaient ce qu'elle demandait, à condition que les habitans pourvoiraient aux besoins des troupes. En conséquence, la dame Pesché faisait moudre le jour, et passait la nuit à faire du pain de sa propre farine, et à le distribuer à ceux qui en demandaient, afin d'éviter que les soldats, sous prétexte de satisfaire leurs besoins, ne se portassent à des excès. Par cette conduite prudente, madame Pesché obtint la bienveillance des chefs, et parvint à les disposer à écouter favorablement les plaintes des malheureux habitans.

Au troisième passage, une colonne entra dans Rosoy. Les soldats y surprirent quelques femmes qui allaient devenir les victimes de leur brutalité, lorsque les cris de ces infortunées avertirent madame Pesché qui vola à leur secours. Elle menaça les soldats de les faire punir, et ils renoncèrent à leur projet.

Le jour où l'armée du maréchal duc de Raguse se battit sur la montagne Chalmont, près de Rosoy, elle se porta sur le champ de bataille pour donner des secours aux blessés : le village étant plein de troupes étrangères, elle cacha deux Français couverts de blessures; elle sortait de l'endroit où elle les avait mis, quand un détachement de Cosaques vint à elle, le pistolet à la main, et lui demanda s'il n'y avait pas de Français dans le village : elle répondit, avec assurance, qu'il n'y en avait point, et sauva ainsi la vie à ces deux malheureux Français. Madame Pesché les a soignés jusqu'à ce qu'ils fussent en état de partir.

Dans un autre passage de troupes étrangères, qui eut lieu la nuit, elle entendit des cris plaintifs et vit deux soldats qui maltraitaient une femme et lui mettaient le sabre sur la gorge : elle courut à son secours. L'un d'eux quitta la femme et vint à elle ; madame Pesché le menaça de le faire arrêter ; en même temps elle appela la sauve-garde qui n'était pas éloignée, et eut le bonheur de sauver la vie et l'honneur à cette malheureuse femme. (Elle se nomme *Brulé.*)

Le lendemain arriva une nouvelle colonne ennemie. Les soldats qui la composaient appartenaient à diverses nations barbares des confins de la Russie ; leur langage était plus inintelligible que celui des Russes , et leur férocité encore plus grande. En vain madame Pesché leur demanda une sauve-garde ; elle ne put jamais parvenir à se faire comprendre. Plusieurs soldats vinrent chez elle et en firent sortir tout le monde pour se livrer plus aisément au pillage. Deux d'entre eux aperçurent des jeunes filles qu'elle avait cachées et voulurent s'en emparer ; elle s'y opposa fortement, et parvint à donner le temps à ces jeunes filles de se sauver ; mais sa sœur et elle faillirent être les victimes de leur dévouement. Ces barbares leur passèrent des longes de cuir autour du cou pour les étrangler. Dans cet instant fatal, elle les regarda avec calme et résignation, en leur montrant le ciel : son courage et son action les étonnèrent et suspendirent un instant leurs mauvais traitemens. Pendant ce temps, il survint une autre bande de ces sauvages ; madame Pesché et sa sœur profitèrent d'un instant de confusion pour s'échapper.

Un habitant de Rosoy était resté dans son lit, malade, et sa femme veillait auprès de lui; mais elle fut si cruellement maltraitée par les soldats étrangers, qu'elle prit le parti d'aller se cacher dans les bois avec son mari. Ils n'eurent pas fait deux cents pas, qu'ils furent arrêtés par des soldats qui, non contens de les fouiller et de leur enlever le peu de provisions qu'ils avaient, les frappèrent avec brutalité. Cette femme appela à son secours ; comme cette scène se passait à très-peu de distance de l'habitation de madame Pesché, elle y courut aussitôt et leur fit rendre ce qu'on leur avait enlevé. Elle aida ensuite à porter dans sa demeure le mari de cette femme, qui y reçut les soins qu'exigeait sa malheureuse position. (Il se nomme *Herbé*.)

Des éclaireurs d'un régiment prussien trouvèrent dans la petite rivière qui passe à Berny des cadavres qu'ils reconnurent pour des soldats de leur nation. Poussés par un sentiment de vengeance, ils mirent le feu à Berny. Douze à quinze maisons furent la proie des flammes. Oulchy était menacé du même sort, et le Grand-Rosoy ne l'eût pas évité, car l'ordre avait été donné de saccager et de brûler toute la contrée. La dame Pesché apprit cette affreuse nouvelle, en allant, comme à son ordinaire, supplier les chefs d'accorder une sauve-garde au village qu'elle habitait. Un petit garçon de dix à douze ans, qui se sauvait, dit en passant près d'elle que les Cosaques allaient brûler Oulchy; elle se mit à courir de toutes ses forces, et fut assez heureuse pour arriver avant cette cruelle exécution. Elle s'élança au milieu de cette soldatesque furieuse, avide de sang et de butin. Un instant elle crut sa dernière heure arrivée, mais Dieu ne le permit pas. Un jeune officier vint à elle et lui demanda, en français, ce qu'elle voulait. — Parler au chef, lui dit-elle; et en même temps elle lui présenta un écrit qui lui avait été donné, pour sa sûreté, par le commandant des dragons lithuaniens , en reconnaissance des soins qu'elle avait donnés aux soldats malades de sa nation , et des services qu'elle avait rendus en fournissant du pain à une partie de sa troupe qui en manquait. Cet écrit portait en substance l'invitation à tous les chefs de corps de la protéger. Les officiers russes, frappés de son dévouement, révoquèrent l'ordre incendiaire qu'ils avaient donné.

Ce n'était pas par amour pour les ennemis de son pays que la dame Pesché leur rendait des services. Elle sut vaincre, en cette occasion, la juste répugnance que doit éprouver une Française à secourir les ennemis de sa nation, pour mériter et obtenir la bienveillance des chefs des troupes étrangères, afin de la rendre profitable à ses concitoyens.

Dans les différens passages, des colonnes ennemies ont bivouaqué dans Rosoy et dans les enclos qui l'environnent. Les soldats prenaient chez les habitans tous les ustensiles qui leur étaient nécessaires ; tels que seaux, marmites, poêles, chaudrons, etc ; de la vaisselle et jusqu'à des tiroirs de commodes dans lesquels ils faisaient manger leurs chevaux : en un mot tout le mobilier du village était porté au bivouac ennemi.

Dans ces circonstances, la dame Pesché allait supplier les officiers de ne point permettre que leurs soldats emportassent les meubles des habitans ; mais ils lui répondaient qu'en vertu du droit de la guerre, tout appartenait à leurs troupes. Elle insistait, néanmoins, pour que ses concitoyens ne fussent pas privés de leur modeste mobilier, et parvenait à toucher les chefs qui lui abandonnaient tout ce que leurs soldats avaient pris dans le village, et louaient beaucoup son courage et sa bonté. Après le départ des troupes, la dame Pesché prenait possession des dons que lui avaient faits les chefs, et avertissait aussitôt les habitans de venir reconnaître et prendre ce qui leur appartenait.

Le lundi saint, une forte colonne de troupes russes passa sur la route ; on crut qu'elle allait entrer dans Rosoy, et, comme les jours précédens, la dame Pesché fut demander une sauve-garde. Elle était à environ une portée de fusil de la colonne ennemie, lorsqu'elle aperçut deux militaires sans armes, avec l'uniforme français, qui couraient à travers les champs pour gagner le bois de Rosoy. Les Russes qui les avaient laissé échapper tirèrent dessus. Elle en vit tomber un dans un fossé; l'autre, plus heureux, entra dans le bois. Elle se hâta d'aller au secours de celui qu'elle croyait blessé; au même instant elle entendit des coups de fusils et les balles siffler près d'elle; une voix lui criait : « Sauvez-vous, ils vont vous tuer. » Elle n'avait qu'un pas à faire pour entrer dans le bois, elle y courut. A peine y fut-elle entrée, qu'elle aperçut un soldat français; c'était celui qui s'était sauvé. Il lui dit que cette colonne conduisait plus de six cents prisonniers français que les Russes mal-traitaient cruellement, et que ces malheureux mouraient de faim ainsi que lui. Elle le conduisit chez elle et lui donna le peu de pain qu'elle avait; elle le cacha deux jours pour le faire reposer, et lui donna des habits de paysan, afin de lui faciliter les moyens de se rendre à Paris où était sa famille. Elle a appris depuis, indirectement, que ce soldat était parvenu à tromper l'ennemi et à gagner la capitale.

En rentrant dans le village, elle dit à un des habitans, qu'elle connaissait plus hardi que les autres, d'aller à l'endroit où se trouvait le soldat français qu'elle avait vu tomber, et de l'amener chez elle s'il n'était que blessé; malheureusement il était mort. Il paraissait avoir été blessé et achevé ensuite à coups de baïonnettes par ses barbares ennemis. Ne pouvant plus le servir vivant, la dame Pesché lui fit rendre les derniers devoirs avec toute la décence que permettait sa position. Jamais son cœur ne fut plus douloureusement affecté que dans cette triste circonstance.

Quatre ou cinq jours après, cette colonne repassa par le même chemin, et sept à huit pillards descendirent dans le village : l'un d'eux vint prendre un cheval près de l'habitation de la dame Pesché; elle s'en aperçut assez tôt pour le lui reprendre, et comme il était seul, il ne fit pas grande résistance. Ne se sentant pas assez fort, il fut chercher quatre de ses camarades : ces cinq brigands se disposaient à la faire repentir de sa témérité; celui à qui elle avait repris le cheval lui donna un coup violent dans la poitrine, un autre tenait son sabre levé sur sa tête; heureusement elle était près de sa porte, elle surmonta l'effroi que lui inspirait la férocité de ces barbares, se jeta sur l'un d'eux, le fit chanceler et s'enfuit à toutes jambes. Elle se sauva, le cœur navré de douleur, et prit le chemin d'Oulchy où une autre colonne ennemie faisait halte. Des officiers vinrent à elle et lui demandèrent ce qu'elle voulait : elle leur raconta ce qui venait

de lui arriver; ils l'engagèrent à attendre le général, qui arriva quelques minutes après; elle lui fit
le récit de sa mésaventure; le général parut l'écouter avec intérêt, et lui demanda si elle reconnaîtrait
le soldat qui l'avait maltraitée. Sur sa réponse
affirmative, il ordonna à un officier de la conduire
dans le camp; mais ce fut vainement qu'elle y
chercha le voleur, il n'avait pas rejoint son corps
d'armée. L'officier qui l'accompagnait lui proposa
alors de venir jusqu'au premier village, lui pro-
mettant de lui faire rendre le cheval qu'elle récla-
mait ou de lui en faire donner un autre; mais la
dame Pesché souffrait si cruellement du coup
qu'elle avait reçu, que ses forces trahirent son
courage et la contraignirent de renoncer au fruit
de sa périlleuse démarche.

En traversant Oulchy, elle fut douloureusement
affectée en apercevant le spectacle affreux qui s'of-
frait à ses yeux; à chaque pas qu'elle faisait, de
nouveaux désastres frappaient ses regards; partout
se présentait l'épouvantable image de la guerre;
des arbres coupés, les toits des chaumières, les
portes, les fenêtres brisés. Des débris d'instru-
mens aratoires, des meubles rustiques, de la vaisselle semée çà et là, du linge déchiré, des lambeaux
d'étoffe, des chevaux morts, etc., etc.

Le cœur oppressé par ce triste spectacle, la
dame Pesché regagna sa demeure, quoique bien
convaincue qu'elle n'y trouverait ni le repos, ni

les alimens qui lui étaient nécessaires. La güerre avait dévoré les uns, et lui avait ravi l'autre. Cépendant son courage n'en fut point ébranlé, et le calme devint enfin le prix de sa résignation.

Après avoir eu le bonheur de rendre d'importans services aux habitans d'Oulchy et de Rosoy, la dame Pesché, contente des heureux résultats qu'avait obtenus son zèle, oublia, sous son humble toît, les peines qu'elle avait essuyées et les dangers qu'elle avait courus. Non-seulement elle ne songea point à réclamer le prix de ses services, mais elle ne demanda même pas le remboursement de ce qu'elle avait fourni.

Serait-il possible qu'on se méprît sur le silence qu'elle a gardé à cet égard? et pourrait-on attribuer à l'insouciance, le retard qu'on lui reproche d'avoir mis à réclamer la bienveillance du gouvernement? Elle ose espérer que les ames généreuses apprécieront mieux ses motifs. La dame Pesché n'était pas riche, mais le peu qu'elle avait lui suffisait; voilà pourquoi elle n'a rien demandé. Il ne fallait pas moins que les malheurs qu'elle a éprouvés depuis, pour la forcer, non de demander le prix de son humanité, mais de réclamer celle des cœurs sensibles. Ruinée par une banqueroute, il ne lui restait aucune ressource pour vivre. Dans cette cruelle position, elle sollicita la place d'économe de l'hôpital d'Oulchy, qui était vacante; elle lui fut refusée. Elle s'adressa alors à M. le préfet du département qui , tout en lui faisant l'observation que sa réclamation était bien tardive , la recommanda néanmoins, avec intérêt, au conseil général. L'effet de cette recommandation fut nul. Le conseil général , effrayé du long retard qu'avait mis la dame Pesché à lui adresser sa réclamation, craignit, sans doute , qu'il y eût prescription, comme s'il y en avait pour le malheur; et traitant cette affaire avec toute la circonspection et l'impassibilité administrative , il renvoya au ministre de l'intérieur la réclamation de la dame Pesché.

Dans cette occurrence, ne connaissant pas la marche qu'elle avait à suivre, elle s'adressa à la députation du département de l'Aisne qui eut la bonté de faire pour elle une demande au ministre de l'intérieur. Après une attente de plusieurs mois, elle reçut un faible secours, bien insuffisant pour satisfaire à ses besoins. Elle a vainement, depuis lors, réclamé la continuation de ce secours. Ignorant les motifs qui l'ont privée des bienfaits du gouvernement, elle ne peut penser qu'ils sont dus à l'esprit de parti. L'humanité appartient à toutes les opinions, ou du moins cela devrait être ainsi, et jamais la dame Pesché n'a eu à se reprocher d'avoir manqué à ses saintes lois. Elle a secouru, à des époques diverses, des hommes divisés par la politique, mais qui, à ses yeux, n'en étaient pas moins dignes d'intérêt, puisqu'ils étaient Français et malheureux.

Les Pièces justificatives annexées à cet exposé donneront la preuve que la dame Pesché n'avance rien que de véridique. Elle ne croit point devoir ajouter aucune réflexion à cet écrit ; tout ce qu'elle pourrait dire de plus , serait inutile. Elle s'en rapporte entièrement à l'impression que doit produire sur les cœurs sensibles le simple récit de ses malheurs.

PIÈCES JUSTIFICATIVES.

Extrait du Moniteur du 4 avril 1821.

La dame Pesché, à Paris, demande qu'il lui soit accordé un traitement quelconque qui puisse la faire sortir de la cruelle position où elle se trouve réduite. Elle croit avoir mérité cette faveur par le dévouement efficace qu'elle a montré pour sauver, en 1814 et 1815, deux communes de la fureur des ennemis, aux dépens de sa propre vie.

Les pièces jointes à la pétition, dit M. le rapporteur, constatent, de la manière la plus authentique, le dévouement rappelé par son auteur. Le malheur de sa situation actuelle commande le plus vif intérêt.

Madame Pesché est d'autant plus digne de cet intérêt, qu'elle n'a rien demandé tant qu'elle n'a pas été, comme elle est aujourd'hui, forcée à une telle démarche par le plus pressant besoin, ayant été frappée de malheurs imprévus. La Commission croit devoir proposer à la Chambre de renvoyer cette pétition à M. le ministre de l'intérieur.

(La Chambre prononce ce renvoi.)

Département de l'Aisne, arrondissement de Soissons, canton d'Oulchy-le-Château, commune du Grand-Rosoy.

Nous soussignés habitans de la commune du Grand-Rosoy, certifions à qui il appartiendra que madame Pesché, née Dardennes, demeurant, en 1814, dans cette commune, a développé, pendant l'invasion des troupes alliées, en février et mars 1814, un courage et un sang-froid dignes des plus grands éloges.

Qu'elle a rendu aux habitans de cette commune les plus grands services, en leur procurant du pain et tout ce qui pouvait les soulager ;

Qu'elle a évité à ladite commune les plus grandes horreurs de la guerre, en allant trouver les chefs des armées alliées à travers les camps, et les adoucissant par ses suppliques, ses promesses, et en faisant en sorte de leur procurer ce qui pouvait leur être agréable ;

Que ladite dame Pesché a pris le plus grand soin des soldats malades et blessés ; que plusieurs lui doivent la vie.

Certifions aussi qu'il est à notre connaissance que ladite dame Pesché, instruite qu'un régiment prussien, ayant appris que des prisonniers de leur nation avaient été massacrés par des habitans d'Oulchy-le-Château, était arrivé audit Oulchy, avec ordre de le brûler, et se laissant aller à un dévouement presque sans exemple, n'a pas craint, au péril de sa vie, de se jeter au milieu des soldats, et obtint, à force de prières, que le feu fût suspendu jusqu'à ce qu'elle ait été admise auprès des chefs.

Parvenue jusqu'à ces chefs, elle vint à bout de leur persuader que les assassins de leurs compatriotes n'étaient pas des habitans d'Oulchy-le-Château, et ne craignit pas de prendre sur elle la responsabilité d'un fait qu'elle savait faux.

Lesdits chefs, frappés du généreux dévouement de ladite madame Pesché, rétractèrent l'ordre de l'incendie, et elle eut la gloire d'avoir empêché l'entière destruction d'une commune importante, chef-lieu d'un canton.

En foi de quoi nous avons signé le présent, pour servir et valoir à ce que de raison.

Au Grand-Rosoy, le 1ᵉʳ juillet 1820.

Signés, MANGIN, PECHEUX, JARY, TUFFIN, TASSE, CHATEAU, DUCROEG, adjoint, PILLE, SANTUS, BOURQUIN, GUIBERT.

Vu, pour légalisation des signatures ci-contre, qui sont celles des principaux habitans de la commune du Grand-Rosoy, par moi soussigné, maire de ladite commune. Je certifie en outre la vérité des faits énoncés dans le certificat ci-contre, et de l'autre part, et j'invite tous ceux qui sont à inviter, à prendre en grande considération les services rendus à ladite commune et à celle d'Oulchy-le-Château, par madame Pesché.

Fait au Grand-Rosoy, le 2 juillet 1820.

Signé, DUJAY.

Vu, pour légalisation de la signature de M. Dujay, maire du Grand-Rosoy, par nous sous-préfet de Soissons.

Soissons, ce 15 juillet 1820.

Pour le sous-préfet de Soissons, en congé,

Signé, L. GUYON.

Département de l'Aisne, arrondissement de Soissons, canton d'Oulchy-le-Château, mairie du Grand-Rosoy.

Je soussigné, maire de la commune du Grand-Rosoy, membre du conseil d'arrondissement de Soissons, certifie, à qui il appartiendra, que madame Pesché, née Dardennes, domiciliée, en 1814, dans la commune dudit Rosoy, a rendu, lors de l'occupation de ladite commune par les troupes alliées, dans les mois de février; mars et avril 1814, les plus grands services à tous les habitans de ladite commune, et notamment aux malheureux qu'elle a préservés de la faim et du froid, en les recevant dans la maison qu'elle occupait; qu'elle a empêché ladite commune, du moins en partie, d'éprouver toutes les horreurs de la guerre, en n'hésitant pas d'aller, à travers les camps, trouver les chefs desdites troupes, et en se les rendant favorables en leur fournissant tout ce qui pouvait leur être agréable.

Qu'elle a soigné avec beaucoup de dévouement tous les militaires malades ou blessés.

Que ladite dame Pesché, instruite qu'un chef prussien, après s'être assuré que quatre soldats prussiens avaient été tués par des habitans d'Oulchy-le-Château, avait ordonné de piller et incendier le bourg d'Oulchy-le-Château, n'a pas craint de se précipiter au milieu d'un régiment de hussards, prêts à exécuter cet ordre, et a obtenu des officiers et soldats, à force de prières et de représentations, que l'exécution serait suspendue jusqu'à ce qu'elle ait parlé aux chefs; qu'admise en leur présence, elle a eu le courage de nier que l'assassinat des prisonniers vînt de la part des habitans dudit Oulchy, et de les prier de rétracter leur ordre; que ces chefs militaires, frappés d'étonnement et d'admiration du dévouement de ladite dame Pesché, incertains de la vérité, ont consenti à rétracter l'ordre du pillage et de l'incendie dudit Oulchy, à condition qu'elle répondrait sur sa tête de l'innocence des habitans d'Oulchy; que ladite dame Pesché, sachant qu'elle annonçait un fait faux, ne balança pas, au péril de sa vie, de se charger d'une telle responsabilité, affirma par serment que les habitans d'Oulchy n'avaient eu aucune part au massacre des prisonniers prussiens, et sauva par son courage cette commune importante, chef-lieu de canton, et l'arracha à une entière destruction.

Ledit maire prie les autorités qui sont à prier, de vouloir

bien récompenser madame Pesché, dont l'intrépidité et le dévouement, au-dessus de tout éloge, ont conservé à la France une commune importante, et préservé ses habitans des horreurs du pillage.

Délivré pour servir et valoir à ce que de raison.

Au Grand-Rosoy, le 24 mars 1820.

Signé DUJAY.

Vu, pour légalisation de la signature de M. Dujay, maire de la commune du Grand-Rosoy, par nous, sous-préfet de l'arrondissement de Soissons, le 13 avril 1820.

Signé DENIS-DE-SENNEVILLE.

Vu, pour légalisation de la signature de M. Denis-de-Senne-ville, sous-préfet de Soissons,

Laon, le 17 avril 1820.

Pour le préfet en tournée, le conseiller de préfecture,

Signé DEBATZ.

Copie du Certificat délivré par madame de Ciony.

Je soussignée, Désirée de Ciony, née de Sommeville, dame de la Maison-Royale de Saint-Denis, y demeurant, atteste qu'il est à ma connaissance que la dame Pesché, lors domiciliée à Rosoy, canton d'Oulchy-le-Château, sous-préfecture de Soissons, a rendu les plus grands services aux malheureux habitans de cette commune. Lors de la première invasion, ils s'étaient réfugiés dans les bois où ils se-raient morts de faim et de froid sans les secours de madame Pesché ; sa maison devint leur refuge ; malades, vieillards, enfans, tous ont trouvé chez elle des alimens et un toît contre l'intempérie. Son bon cœur lui a fait soulager sans distinction les militaires blessés des deux partis.

Le trait suivant prouve que son courage ne le cède pas à son humanité ; on avait à Oulchy-le-Château tué des prisonniers prussiens ; leurs cadavres trouvés dans la rivière du Pont-Bernard près de la petite commune de Berni criaient vengeance ; elle fut résolue. On prend des informations dans le canton ; un enfant nomme Oulchy, et aussitôt un régiment de hussards prussiens se présente avec ordre de l'incendier. Madame Pesché se jette au milieu des soldats, et par ses prières et ses cris obtient qu'on ne mette pas le feu avant qu'elle ait parlé aux chefs. Admise en leur présence, elle nie que le coup soit parti d'Oulchy-le-Château ; les Prussiens, frappés de sa généreuse résistance, incertains de la vérité, consentent à rétracter l'ordre incendiaire, à condition que madame Pesché répondrait sur sa tête de l'innocence des habitans d'Oulchy. Quoiqu'un examen plus sévère eût pu la démentir, elle ne balança pas, et, au péril de sa vie, elle sauva les habitations de plus de deux cents familles.

La fortune ne sourit pas toujours à la vertu ; madame Pesché, épuisée par ses bienfaits, n'a depuis essuyé que des pertes ; une longue maladie vient d'absorber ses dernières ressources et l'a mise dans la nécessité d'implorer des autres ce que naguère elle s'empressait d'offrir.

Signé DE CIONY-DE-SOMMEVILLE,
dame de la Maison-Royale de Saint-Denis.

En 1791, durant les troubles qui eurent lieu à Nanci, lors de la défection du régiment du roi, madame Pesché cacha pendant plusieurs jours deux officiers de ce corps ainsi qu'un capitaine du régiment suisse de Château-Vieux. Après le retour du calme elle eut la satisfaction de les voir partir pour se rendre chez eux.

Pendant les mêmes troubles et durant le fort de l'action, madame Pesché vit de ses croisées un officier supérieur, dont le cheval, abattu par la mitraille, lui fit craindre que l'officier ne fût blessé. Elle courut à son secours sans songer au danger auquel elle s'exposait. Cet officier supérieur était M. le marquis de Bouillé qui la remercia avec l'expression du plus vif intérêt.

Quelques minutes après, un hussard du régiment de Lauzun, étant blessé, tomba de cheval, le pied embarrassé dans l'étrier. Il fut traîné par son cheval jusque devant la porte de madame Pesché, qui s'empressa de lui donner des secours et de le faire transporter à l'hôpital.

Peu de jours après que l'armée française fut entrée dans le Brabant, madame Pesché vint à Liège pour des affaires d'intérêt. Se trouvant logée à l'hôtel de France, la maîtresse de l'auberge lui confia, après quelques hésitations, qu'elle avait chez elle un émigré français, qui, s'étant trouvé malade lors de l'évacuation, ne savait comment faire pour sortir de la ville. Sa position devenait d'autant plus dangereuse, que l'auberge était menacée d'une visite domiciliaire. La loi cruelle qui était alors en vigueur contre les émigrés, ne lui laissant pas le choix des moyens, il fallait nécessairement fuir pour éviter la mort qui l'attendait, s'il était découvert. L'aubergiste craignait aussi de se voir compromise. Dans cette périlleuse circonstance, madame Pesché n'écoutant que l'impulsion de son cœur, n'hésita point à le recevoir chez elle et à le conduire ensuite dans sa voiture, jusqu'aux avant-postes de l'armée coalisée, d'où il passa à l'armée royale. (Un motif, qui sera sans doute apprécié par la délicatesse, fait taire le nom de cet émigré.)

FIN